Llegó la hora...
¡Comienza tu negocio!

Alina González   Deiza Arribas
María Caraballo

Copyright © 2019
All rights reserved.
ISBN: 9781796575262

Dedicatoria

A todas esas personas luchadoras, que quieren seguir evolucionando y siguen adelante a pesar de todos los obstáculos. Aquellos(as) que caen y se levantan con más ánimo. Aquellos(as) que ven una solución donde todos ven un problema.
Salud... por hacer la diferencia.

Índice

I. Introducción 7

II. Tres crudas realidades 10

III. Arme su estructura 18

IV. Puntualidad: Su ventaja competitiva más poderosa 39

V. Manejo del tiempo: Una oportunidad de eficiencia 45

VI. No todos los clientes son buenos 58

VII. Optimización en el proceso de venta 66

VIII. ¿Cómo usar la marca más valiosa del mundo para desarrollar su negocio? 89

IX. Necesita ser su Agente de Mercadeo 96

X. Reclutamiento 106

Recursos 118

Referencias 120

I. Introducción

Hace muchos años escuché una persona decir: "El matrimonio está "overrated", todos lo ven como una dulce fantasía y cuando al fin lo logran, se dan con la cruda realidad de que para nada es fácil". Usted puede hacer sumas y restas y no siente ningún arrepentimiento de la decisión, sigue feliz, pero obviamente con la realidad de que muchas cosas no se las esperaba. Luego de varios años trabajando por cuenta propia, diría que lo mismo aplica para cuando se emprende un negocio.

Todos desde afuera lo ven como el trabajo ideal:

- ✓ Se levanta a la hora que desea.
- ✓ Si un día no quiere trabajar, no trabaja.

- ✓ Todo lo que usted gane va para su bolsillo.
- ✓ No cuenta con un jefe.
- ✓ Se va de vacaciones cuando guste.

Y así sucesivamente podemos seguir enumerando una lista de "ventajas" que supuestamente tenemos, pero una vez que se comienza, el castillo de arena se derrumba. Esos primeros meses, tal vez años, la incertidumbre, las frustraciones y decepciones pueden ser de grandes proporciones. Sin embargo, cada vez que usted tiene un acierto, opaca todo lo negativo y vuelve a tomar fuerzas para seguir. Cuando suma y resta, confirma que emprender fue la decisión correcta.

Por los últimos 10 años he tenido muchas vivencias como empresaria, no sólo de mi práctica sino también de otras personas. Varias amistades comenzaron negocios y yo, de alguna forma u otra, me involucré, además de que muchos de mis clientes (ya perdí la cuenta) son empresarios, fueron empresarios o estaban en el camino de comenzar su negocio. Ha sido tanto lo que he aprendido y que he visto de primera mano, que por esto tomo la decisión de crear un libro con este tema. No con el propósito de presentarlo como una guía final y firme, sino como un escrito de vivencias que le ayudará de una manera u otra durante los inicios como emprendedor(a).

II. Tres crudas realidades

Quiero aclarar lo siguiente. Tener su propio negocio, no importa de qué tipo, es motivo de orgullo para cualquier persona. Yo promuevo el que las personas emprendan, sin embargo, no quiero enfocarme en lo maravilloso de esta aventura, si no que la persona esté preparada para lo que nadie le dice, para minimizar los errores que muchos cometemos y así, acercar la llegada del éxito.

A las últimas personas que han venido hacia mí a pedirme consejos sobre este proceso de emprender, comienzo mi conversación con unas crudas verdades, que aunque parecen lógicas, la realidad es que muchos las ignoran.

Se trabaja más

Sí, sí… Sé que esta se menciona mucho. Pero por experiencia, puedo asegurar que aunque las personas crean estar preparadas para ello, siempre tienen la esperanza de que con ellos será diferente. O tal vez, sí están conscientes de que se trabaja mucho, pero como quiera, subestiman las horas que esto conlleva. Especialmente durante el comienzo. Hay personas que me han dicho: "sí, yo sé que se trabaja, pero en mi trabajo actual yo trabajo largas horas, así que estoy preparado(a)".

No importa si usted es vicepresidente o director de mercadeo de una empresa multinacional: profesiones que conllevan viajes, conectarse durante las noches o fines de semana, largas reuniones, etc., y que por ende, usted podría pensar que trabajar por cuenta propia no va a superar esto. Estoy aquí para decirle, que sí, trabajar por cuenta propia podría igualar o superar las horas que trabajaba cuando estaba en el mundo corporativo. Al menos los primeros meses o años. ¿Cómo es posible esto? Digamos que usted comienza como consultor o proveyendo un servicio como contabilidad, tecnología o algo relacionado en belleza. Comienza sólo(a), sin personal, en otras palabras usted corre todo el espectáculo. Si esto es así, estará cubriendo mínimo seis o siete puestos:

- Recepción: Usted tiene que atender las llamadas. Una de las responsabilidades que más tiempo toma y que rara vez está en la ecuación cuando planificamos la agenda.
- Ventas: Los clientes no llegan solos, hay que buscarlos. Cada día hay que emplear varias horas prospectando, coordinando citas y buscando aliados. Podría perder medio día en visitar un solo prospecto.
- Contabilidad: Por lo general, al inicio las personas llevan sus propios libros. Tarea sumamente extenuante. Aunque mi recomendación es que esta sea una de las primeras funciones en delegar.
- Tecnología: Cuando se está en una compañía y tiene problemas con una

computadora, inmediatamente va a venir alguien del departamento de IT a resolverlo, y en el proceso es posible que le provean otra computadora. Por lo tanto, la interrupción es mínima. Por cuenta propia, uno es el que resuelve el problema. Como uno cuenta con un presupuesto limitado, cada vez que se tenga un problema con la computadora, lo natural será que uno trate de hacer el "troubleshooting". Contratar un técnico es la última opción.

- Servicio al cliente: Si un cliente tiene un problema, ¿quién resuelve? Usted.

- Cobro: Ésta se explica por sí sola, por cierto, para muchos esta tarea es una de las más difíciles.

- Proyecto/Servicio: No olvidemos que nosotros somos los que proveemos el servicio (a menos que subcontratemos). Por ejemplo, si usted es coordinadora de bodas, además de ejecutar las responsabilidades antes mencionadas, también tiene que correr todo el proyecto antes y durante el evento.

El dinero no es del empresario

Me atrevería a decir que este es uno de los errores más comunes. He escuchado personas decir: "en mi trabajo actual gano $1000 a la semana, así que espero generar cerca de esa cantidad con mi negocio." Esto sucede porque las personas piensan que todo lo que genere el negocio va directo para nuestro bolsillo, lo cual no es cierto. El dinero que generemos es de la empresa. Quiero repetirlo: el dinero que generemos es de la empresa. La misma tiene que operar. Hay que pagar permisos, patentes, proveedores de servicios, material de oficina, equipo y gastos de publicidad o cualquier esfuerzo para atraer clientes.

Sin ánimos de pensar que soy experta en la materia, porque no lo soy, mi sugerencia es que aspiren a que su práctica genere más del doble de lo que generaba como empleado. Y hablo de una práctica sencilla, donde no se tenga oficina, ni empleados y tampoco inventario. Esas proyecciones al inicio (un contador les puede ayudar con esos cálculos) son vitales, ya que si usted es certero en determinar cuánto tiene que generar para que al final gane lo que usted quiere, su plan será efectivo. Y cuando hablo de plan, me refiero a cuantos proyectos o clientes tiene que tener en X período, pues esto también lo ayudará a establecer sus honorarios.

No todo el mundo compra

Muchas veces he visto caras de alegría y emoción por qué se tiene varios prospectos en el "pipeline", y luego esas mismas caras están tristes y confundidas porque ninguno de los prospectos se concretó. Antes de trabajar por cuenta propia, trabajaba en ventas y recuerdo que un compañero me dijo: "el que sobrevive en ventas es aquel que se acostumbra a recibir muchos "NO"".

También me he topado con personas que me dicen que odian vender, sin embargo su sueño es tener un negocio propio. Esto es contradictorio porque cuando usted emprende, gran parte del tiempo tiene que vender tanto sus servicios (o productos) como venderse a usted mismo(a) como profesional. No importa si recibe llamadas por colocar un anuncio, o si su forma de buscar clientes es a través de "cold calling", donde usted prospecta a través del teléfono o visita, en ambos escenarios tiene que vender. De hecho, si usted está en un evento y alguien le pregunta a qué se dedica, su "elevator speech" es una mini presentación de ventas.

Ahora bien, quedó claro que hay que vender. De hecho, muchas personas al momento de emprender están consciente de ello. No es necesario repetirlo. Lo que sí quiero repetir, es lo que mencioné al principio. No todo el mundo compra. Esto, y los siguientes puntos, son sumamente importantes de digerir y aceptar porque si uno no está preparado para ellos, la frustración lo arropará y de la noche a la mañana se encontrará solicitando empleo:

- Estar preparado mentalmente para el rechazo o esos famosos "NO".

- Las ventas son un juego de números. Dependiendo del servicio serán las métricas, pero es posible que tenga que hacer (o recibir) docenas de llamadas y enviar decenas de propuestas para lograr ese primer cliente.

- Tiene que estar preparado de que haya muchos prospectos que aceptan la propuesta, le dicen que unos días se comunicarán para comenzar el proceso, y luego no escucha de él jamás o recibe su comunicación de que cambió de idea. Esto pasará, pasará y seguirá pasando.

Todo lo anterior tiene que verlo como parte de la aventura. Por esto es importante no parar de prospectar.

III. Arme su estructura

Producto o Servicio

En un mundo ideal entenderíamos que se debe emprender un negocio en algo que uno ama, disfruta y, obviamente, en algo que uno domine. Ese sería el escenario ideal y son interminables las historias de personas que han logrado éxito por perseverar en lo que aman hacer. Sin embargo, he visto casos de personas que no necesitan amar o disfrutar lo que hacen. Su actitud es: dónde esté la oportunidad, ahí iré yo, en el camino me encargaré de que me guste y obviamente lo haré a la altura que esto conlleva.

Así que no importa en qué bando esté usted, lo importante es que se asegure de brindar un servicio de primera clase y sobre todo que haga la diferencia. Un profesional de salud impacta la calidad de vida de una persona, un consultor en mercadeo puede ayudar a una empresa a elevar sus ingresos, alguien que confeccione postres puede hacer que una fiesta o evento sea especial e inolvidable. Usted procure que lo que haga de alguna forma u otra tenga un impacto positivo. Esto hará que cada día se enamore más de lo que hace.

Otro aspecto a considerar es a qué segmento se dirigirá. Para ello, mi recomendación es contratar un consultor en mercadeo. Sino, debe ir definiéndolo a medida que va prospectando. Esto es de gran importancia para poder delinear efectivamente sus estrategias.

Hace varios años leí la siguiente sugerencia: no se enfoque en quién necesita sus servicios, enfóquese en quién los puede comprar. Para el que estudió negocios, esa oración le hará mucha lógica, ahora bien, los que no son de este mundo podrían encontrar la misma bien chocante. Lamentablemente, es una realidad. Muchas personas no han tenido éxito en su negocio porque se enfocan en prospectos que sí quieren su servicio, llaman interesados, pero no están dispuestos a pagar los honorarios, ya sea porque no cuentan con el presupuesto o porque no ven el valor.

Cuando se tiene un negocio se tiene el deber de proveer un servicio de calidad y excelencia, pero por otro lado también se tiene la responsabilidad de tomar decisiones que aseguren la rentabilidad del mismo.

Procedimientos

Si desea que su compañía sea una grande, la misma debe comportarse como tal.

No importa cuán simple o complejo sea su negocio, debe tener procedimientos definidos, más importante, que se lleven a cabo. Esto tiene muchas ventajas:

- Cada día comienza con actividades definidas, con poca improvisación.
- Facilitará el adiestramiento, una vez comience a contratar personas.
- El cliente se llevará una buena impresión, ya que su práctica lucirá como una seria y organizada.
- Ahorrará tiempo, más de lo que se puede imaginar.
- Los procedimientos más importantes son aquellos relacionados al cliente. Por ejemplo una vez un cliente llama para información, usted tiene que tener definido cómo será la orientación que le va brindar; qué tipos de pregunta le hará; si conlleva una reunión presencial, qué material le va presentar; en cuanto tiempo le enviará la propuesta y de qué forma. Una vez que el cliente acepta la propuesta tiene

que tener otro procedimiento definido de cómo va a comenzar el proceso. Sin embargo, es importante tener procedimientos para todo: cómo se llevará a cabo el inventario, procesos de compras, contratación, etc.

Plantillas

En los tiempos que vivimos, usted recibirá comunicación de muchas maneras: a través de las redes sociales, correo electrónico, mensajería de texto (incluyendo WhatsApp) y llamadas telefónicas. Por esto es importante tener "scripts" de lo que va a decir o escribir. Vamos a comenzar con la comunicación escrita. Quizás el mensaje más común será preguntando por información. Usted debe tener un mensaje escrito, para que solamente tenga que "copiar y pegarlo". A medida que pase el tiempo usted va a ir recopilando el tipo de pregunta o solicitud que recibe, para así redactar respuestas. Una vez reciba la comunicación, lo que tiene que hacer es buscar y copiar la respuesta que aplica. Aunque esto parezca algo bien simple, el ahorro en tiempo es significativo. Cuando usted trabaja por cuenta propia, el recurso más importante es el tiempo, tiene que continuamente buscar formas de acortar pasos sin afectar la calidad.

En cuanto a las llamadas telefónicas, aplica lo mismo con la excepción de que hay una interacción al momento. Ese prospecto merece toda la atención y hay que proveerle una orientación completa. Sin embargo, debe mantener el control y establecer una meta realista de lo que debe durar esa primera llamada. Por ejemplo, si usted vende servicios que promedian miles de dólares, con toda probabilidad tendrá pocos prospectos en un mes y para este caso si tiene que dedicar bastante tiempo en esa primera llamada y pasos siguientes. Pero imagínese que usted venda bizcochos o pasteles a $20, no debería estar una hora con un solo prospecto.

Recuerdo un caso de una persona que vendía un servicio relacionado a tecnología, con unos honorarios de $150 aproximado por cada cliente. Ese servicio le tomaba a la persona casi tres horas en completarlo. De primera vista, pensaríamos que la persona está ganando $50 por hora. Lo cual está muy lejos de la realidad. Hicimos el siguiente ejercicio: calculamos con cuántas personas tuvo que hablar para generar un solo cliente, y cuánto tiempo empleaba en cada llamada. Su estimado fue ocho prospectos, y el tiempo en llamada variaba desde 20 minutos hasta poco más de una hora. Esto sin contar, que después le enviaba un correo electrónico con información, y que el prospecto podía volver a llamar con más preguntas.

Si somos conservadores, y promediamos a 30 minutos por cada prospecto, estamos hablando de cuatro horas, a esto le sumamos las tres horas del proyecto. Tenemos un total de siete horas. Si volvemos a ser el cálculo, esto da poco más de $21 por hora. Menos de la mitad de lo que pudimos pensar al principio. Además, a eso hay que restarle gastos de publicidad que se hicieron para generar esos ochos prospectos.

El costo de oportunidad es un factor en contra todo el tiempo, ya que hay que incurrir en muchas actividades que son necesarias pero que no se pueden facturar. Por eso es importante estandarizar procedimientos y tener plantillas, si no busca la forma de ahorrar tiempo, su práctica no será rentable.

Agenda

Aunque más adelante se profundizará el tema de la organización, tengo que traer el tema bajo este capítulo porque es meritorio. Debe tener un itinerario semanal de tareas. Esto lo puede hacer de varias formas, una de ellas es sacar unas horas durante el fin de semana o el viernes al finalizar el día para preparar el plan de toda la semana. Otra alternativa es planificar día a día, pero nunca hacer el plan por la mañana. Usted prepara el plan el día antes, al finalizar el día.

Existen varios puntos importantes al momento de preparar un itinerario:

- Debe ser flexible, por si tiene que hacer ajustes a última hora.
- No puede ser muy cargado, para dejar espacio para imprevistos.
- Debe agrupar tareas similares.
- Tiene que asegurarse que el tiempo que esté estipulando por cada tarea es lo más fiel posible a la realidad.

Esa última es de gran relevancia porque lamentablemente son pocos los que cuantifican el tiempo que emplean en cada tarea o proyecto. Si usted subestima el tiempo, no podrá cumplir con su agenda. En cuanto a la tercera, se dice que es uno de los secretos para un manejo de tiempo efectivo.

A continuación una lista de tareas, y una recomendación de cómo agrupar:

- Cotejar y contestar correos electrónicos
- Verificar redes sociales
- Enviar propuestas
- Devolver llamadas
- Hacer llamadas de desarrollo de negocios
- Visitar clientes
- Otra gestiones en la calle

Las primeras tres conllevan sentarse frente a una computadora o un dispositivo electrónico, por ende se pueden agrupar. La cuarta y quinta conllevan buscar un momento y espacio adecuado para hablar por teléfono. Y las últimas dos, obviamente el escenario ideal sería hacerlo el mismo día. Claro está, no siempre se podrá lograr, especialmente cuando son reuniones con los prospectos, donde no tenemos control sobre su agenda. Pero lo que sí podemos controlar, es importante llevarlo a cabo de una forma eficiente. Como escrito anteriormente, el ahorro en tiempo es crucial en cualquier negocio.

Balance: Desarrollo de negocio y proveer el servicio

Aunque esto está relacionado con el tema anterior de llevar la agenda, lo toco aparte porque es uno de los retos más fuertes que enfrentan las personas que proveen servicios. Es muy común escuchar la siguiente queja: "un mes me va bien y otro mes me va mal, no logro llegar a ese nivel de consistencia". ¿Por qué ocurre esto? Simple, porque cuando nos cae un proyecto, especialmente si es grande, o varios simultáneos, tendemos a enfocarnos 100% en ellos y descuidamos el desarrollo del negocio.

No importa cuánto trabajo tenga, tiene que dedicar tiempo a las ventas -y más adelante también tocaremos la importancia de ellas-, de tal manera que cuando esté terminando un proyecto ya tenga clientes para comenzar con los nuevos. No es fácil, para nada lo es, primero, vender de por sí no es fácil y segundo si ya se tiene trabajo en el plato, es difícil sacar tiempo para prospectar. Pero tiene que hacerlo. Es la clave para lograr consistencia. Además, es importante mantener la disciplina, si usted deja de vender, en el momento que le toque nuevamente, no será fácil.

Honorarios

Hace unos años un grupo de cuatro amigas (incluyéndome) contratamos a dos instructoras para que nos dieran unas clases relacionadas al mundo de fitness. La clase duraba aproximadamente hora y media y nos cobraron $10 cada una. O sea que en total cobraron $40, y eran dos, por ende $20 cada una. Para colmo, no venían de cerca, se tomaban en llegar al lugar aproximadamente 45 minutos. Recuerdo muy bien, que en esa primera clase, yo no podía concentrarme bien, porque lo único que pensaba era en el precio que nos cotizaron. Era absurdo. Tanto fue así, que en la última clase (fueron varias), recolectamos una especie de propina.

Esto no es un caso aislado, las personas fallan malamente al momento de establecer sus honorarios. Claro, hay personas que al principio hacen esto para ganar nombre y luego suben los precios, esto es distinto porque estamos hablando de un riesgo calculado. Pero lamentablemente, hay muchas personas que simplemente es por qué no calculan bien el tiempo empleado, no valoran su tiempo o tal vez tienen miedo a no conseguir personas dispuestas a pagar. El problema con esto es, que al pasar las semanas y los meses, se da cuenta de que su bolsillo está sufriendo y ya será muy tarde para hacer los ajustes. Vamos a tomar el ejemplo anterior, más a detalle:

Ellas se tomaban 45 minutos en llegar. O sea, ida y vuelta empleaban de su tiempo hora y media. Y podríamos también calcular el tiempo en prepararse para la clase, y el gasto de gasolina y peaje, pero para simplificar vamos a dejarlo fuera. A esa hora y media le sumamos otra hora y media dando la clase. En total tres horas. Si dividimos $20 entre tres horas, esto nos da menos del salario mínimo federal. Adicionalmente, cuando usted tiene un peritaje o una especialidad, eso tiene valor y tiene que ser ponderado en los honorarios.

Otra idea mal infundada es pensar que uno factura 40 horas. Por ejemplo, si yo le digo a las personas que como consultora cobro $50 la hora, las personas inmediatamente pensarán que me gano $2000 a la semana. Porque lo multiplicaron por 40 horas, pensando que es el estándar cuando se trabaja a tiempo completo. Pero la realidad es otra, un profesional que brinda un servicio quizás lo único que puede facturar a la semana son 10 o 15 horas, el resto es todo el trabajo administrativo u otras actividades mencionadas en los capítulos anteriores.

Ya sea con su contador o usted mismo, debe calcular las horas y gastos empleados por servicio o proyecto para determinar honorarios justos para ambas partes. En la marcha los va ajustando. Si se topa con que los clientes no quieren pagar, hay dos posibles causas: usted no está expresando el valor de sus servicios o simplemente el servicio no es uno rentable.

Esto no se trata de cobrar caro o asaltar a las personas, se trata de llevar una práctica que sea rentable, si no va a tener que sufragar todo de sus ahorros (o tomar prestado) y eventualmente ya no podrá más.

Métricas: Las tiene o las tiene, no hay opción

"Si no se puede medir, no se puede mejorar" ¿Ha escuchado o leído esta frase? No importa la meta que se tenga, de alguna forma u otra se puede cuantificar la mejoría. Esto nos ayuda a ver dónde estamos parados y hacia dónde vamos, en muchos casos hay comparables que nos alertan de si vamos por buen camino. Por ejemplo, si deseas adelgazar, puedes monitorear tu porcentaje de grasa y cotejar si está dentro de los parámetros recomendados; si desea mejorar su salud, puede utilizar análisis de laboratorios clínicos los cuales presentan niveles de azúcar, colesterol, etc. Hasta algo tan abstracto como crecer espiritualmente lo podemos cuantificar pensando en el porcentaje de tiempo que estamos dedicando a esta faena.

En términos de negocio, no importa todo el trabajo que usted tenga en su agenda, debe buscar el tiempo para desarrollar alguna herramienta donde pueda registrar resultados para más adelante hacer sus respectivos análisis. Lo ideal sería hacerlo electrónicamente como por ejemplo con MS Excel, si no se considera muy tecnológico pues entonces tenga una libreta a la mano para hacer los apuntes.

Usted puede llevar métricas de todo, pero de las más importantes están las siguientes:

- Cuántos prospectos tuvo en X periodo (diario, semanal, etc.)
- Cómo llegaron estos prospectos.
- Propuestas o cotizaciones enviadas.
- Número de clientes que compraron.
- Tiempo empleado por cada cliente (esto aplica más a servicios).
- Cantidad de la venta por cliente.

- Dinero invertido en publicidad, etc.

La lista puede ser el doble o el triple según su tipo de negocio. En la marcha usted determinará cuáles son las adecuadas para usted. Y esto ¿cómo me ayuda? Ayuda determinando:

- Cuántas llamadas o presentaciones de ventas tiene que enviar para lograr X cantidad de ingresos.
- Cuál es la fuente o tipo de publicidad que más le funciona.
- Qué tipo de transacción es la que genera más dinero.
- Qué proyectos o casos consumen más tiempo.

Al igual que la lista anterior, ésta se puede duplicar o triplicar. Son muchos los beneficios. Y a gran escala la suma de mucho de estos criterios es lo que nos va a dejar saber si realmente el negocio es rentable, y también nos podría ayudar a hacer reajustes en los honorarios.

Contratos / Acuerdos

No importa el servicio o producto que usted venda, tiene que tener por escrito en algún lado los acuerdos. Esto le va a evitar miles de dolores de cabeza. Mi recomendación es que busque un abogado experto en el área de contratos para que él determine todos los posibles escenarios que pueden ocurrir que den pie a disputas legales y no legales. Porque un malentendido, aunque no se lleve un tribunal, como quiera que sea es un mal sabor para ambas partes. Sí, estoy consciente de que cuesta, pero más le va a costar el no tener acuerdos específicos y claros. Así que si va emprender un negocio pronto, añada este gasto en su presupuesto.

Aprendizaje Continuo

El peor error que uno puede cometer es pensar que uno se las sabe todas. En su agenda procure separar espacio para educarse. Esto puede ser a través de libros, lectura de artículos, ir a seminarios o tomar certificaciones. Claro, es comprensible que si usted tiene el presupuesto limitado no va pagar por talleres o seminarios, y si lo hace tiene que ser bien pensado. Si este el caso, para eso está la lectura. Yo he leído muchos libros relacionados a negocios así como artículos, y no ha habido ninguno en que yo no aprenda nada. Si no le gusta leer, busque la forma de cultivar ese amor.

Busque gente mejor que usted

Cuando comienza su negocio tiene que trabajar con personas, aunque no sea como empleados, tendrá aliados o suplidores. No importa la relación, busque gente buena. Lamentablemente hay personas, que les gusta ser ellos los que brillen, y por esto tienen sus reservas al momento de hacer negocios o contratar personas que brillen más. Este tipo de complejo, por llamarlo de alguna forma, puede ser el obstáculo que impida que su práctica arranque. También está el miedo de cómo dicen coloquialmente "que te serruchen en el palo", para lo que no entienden esta frase, en Puerto Rico la utilizamos para describir una situación donde después de que usted ayuda a alguien, esa persona se convierte en su competidor. Si tiene este miedo, es que no está seguro de su potencial, así que reevalúese antes de lanzarse. No tenga miedo a unirse a personas que le hagan lucir bien.

Su salud: Prioridad más que nunca

La salud siempre será una prioridad para cualquier persona. Y más aún, cuando se trabaja por cuenta propia. Prohibido enfermarse, he escuchado yo varias veces. Cuando se es empleado, si se enferma y falta, el patrono buscará la forma de que alguien haga su trabajo. Esto no ocurre cuando se trabaja por cuenta propia. Más que nunca es necesario ajustar su estilo de vida para que sea lo más sano posible. Comer saludable, descansar, meditar y ejercitarse ya no podrán ser entes extraños en su vida. Tienen que estar en la agenda. Se sentirá mejor y eso le ayudará durante todas las etapas de esta aventura. Por favor, no tome esta recomendación como una más, si de verdad está comprometido con su negocio tiene que estar comprometido con usted mismo también. Le aseguro que los cambios positivos que haga en su estilo de vida rendirán frutos.

IV. Puntualidad: Su ventaja competitiva más poderosa

Me atrevería a decir que este el tema más importante de todo el libro. Es la virtud que con más énfasis aconsejo que desarrolle. Conozco varios casos de personas excelentes en lo que hacen pero nadie quiere trabajar con ellos porque no honran su palabra. Por otro lado conozco personas que no son los mejores en su campo, pero por el sólo hecho de ser personas puntuales, que cumplen su palabra, les va muy bien en su práctica.

Tengo una amiga que viaja a otra ciudad, que en distancia estamos hablando de 35 a 40 minutos, para depilarse las cejas. Donde ella vive, hay muchos lugares que pueden hacer ese servicio, y bien hecho. Un día le pregunté y me dice: "voy a ese lugar porque si me dicen que la cita es a las 10:15 a.m., a esa hora estoy sentada recibiendo el servicio. Versus otros lugares que he ido y tengo que esperar 30, 40 minutos o hasta una hora y quién sabe si más". Estoy segura que esto es común escucharlo. Las personas valoran la puntualidad, hasta el punto que pueden conducir más lejos y no tan sólo eso, sino también están dispuestos a pagar más.

Cuando hablo de puntualidad no me refiero sólo a llegar 10 o 15 minutos antes a una reunión con un cliente. Va mucho más allá. Si usted le dice a una persona: lo llamo en 30 minutos, tiene que llamar a la persona en 30 minutos, no en 45 minutos, no en una hora. Si usted dice, le voy a enviar la información o la propuesta a través de correo electrónico en o antes del viernes, más vale que el cliente reciba lo prometido en ese rango de tiempo. Mi primera sugerencia es que grabe muy bien en su mente estos dos pensamientos:

- *Cada vez que soy impuntual, le estoy faltando al respeto a la otra persona.*
- *La impuntualidad es sinónimo de mediocridad.*

Tiene que entenderlos bien, usted se tiene que convencer de que no puede caer en la impuntualidad porque esto automáticamente lo convierte en un mediocre y una persona irrespetuosa. Estoy consciente que es un enfoque muy fuerte, agresivo y hay quien dirá que un poco autodestructivo. Pero la realidad es que si no somos fuertes con nosotros mismos, nos llevará la corriente y seremos igual que los demás. ¿Cómo es posible que los empresarios sigan fallando en esto? Me atrevería a decir que hay dos razones, una de ellas es lo cultural o lo aprendido. Todo el mundo lo hace, así que pues…. No pasa nada. Esto y además, la mala administración de tiempo, lo cual veremos más a fondo en el capítulo siguiente.

Ahora bien, como yo tengo fe en que la mayoría de los empresarios o profesionales genuinamente no tienen la intención de ser irresponsables o irrespetuosos, entiendo que la causa principal para que las personas fallen a la puntualidad es que no saben calcular los tiempos que conlleva X o Y tarea. De hecho, se han hecho múltiples estudios del tema y lo que arrojan es que la mayoría de las veces tendemos a subestimar el tiempo que necesitamos para completar un proyecto o tarea. Esto también aplica al tiempo en llegar a un destino.

Ocurre mucho que estamos en un lugar esperando a una persona, digamos en un centro comercial, y la persona está saliendo de su oficina y dice: estoy cerca, así que te veo en 15 minutos. La persona solamente calcula el tiempo desde que prende el carro hasta que llega al lugar. No contempla todo lo demás: a veces simplemente salir del estacionamiento en donde uno se encuentra le toma varios minutos; el tráfico puede estar pesado; cuando llega al lugar, en este caso un centro comercial, tiene que buscar estacionamiento; una vez estacionado, tiene que caminar para llegar al punto de encuentro. Como podrá ver la diferencia no es de cinco ni 10 minutos. Con toda probabilidad será más del doble de lo que prometió.

Otro ejemplo es el contestar un correo electrónico, juramos que nos va tomar uno o dos minutos, que los mismos se pueden convertir en 10 o 15, esto porque a lo mejor la computadora está apagada, el Internet está lento y sobre todo cuando uno redacta al terminar uno sigue cotejando y cambiando, empieza las inseguridades de si las palabras son las correctas, etc. Así mismo ocurre en un sin número de tareas tanto simples como complejas. Por eso, muchas personas están quedando mal todo el tiempo.

La solución es fácil, si usted entiende que enviará la propuesta para el jueves, diga que la va enviar el viernes o antes. Si usted entiende que una tarea le va tomar X número de minutos auméntele casi el doble. Al igual que cuando se trata de conducir, como en este caso, habrán más factores que no podemos controlar, sea más ambiguo, diga: no sé cómo estará el tráfico, normalmente me puede tomar de 30 a 45 minutos, así que espero llegar en ese lapso de tiempo. Otra recomendación es que si está cerca de la fecha de entrega y cree que no cumplirá, notifíquelo lo antes posible, no espere a que la persona sea la que dé seguimiento.

La palabra es uno de los activos más importantes que tenemos como personas y profesionales. Debe ser prudente al momento de prometer una hora y día específico, es irrelevante si se trata de algo importante o no. Recuerde que las personas no van a recordar las veces que fue puntual, si no cuándo falló.

V. Manejo del tiempo: Una oportunidad de eficiencia

Cuando usted tiene una pequeña empresa o es emprendedor, es necesario que emplee una serie de estrategias que le aseguren el crecimiento y el éxito en el mercado. ¿Cuál es la razón de esto? Sencillo, el tiempo incide directamente en las oportunidades, en la productividad y en el planteamiento de soluciones acordes a las necesidades del cliente. La gestión del tiempo se tiene que saber manejar porque se trata de un recurso limitado. Es por ello que es necesario apoyarse en la planificación y organización de los métodos, especialmente cuando se trata de empresas pequeñas.

En este capítulo, se encuentran tres aspectos fundamentales que lo ayudarán a lograr la satisfacción profesional, enfocado en la mejora de la producción y en la atención del cliente:

- Gestión del tiempo.
- Técnicas y herramientas para evitar la procrastinación.
- Lean Management: estrategia que se centra en aumentar la efectividad y eficacia de la empresa. Punto interesante, además, para los empresarios de la pequeña y mediana empresa.

Gestión de tiempo

¿Por qué es importante la gestión del tiempo? Porque ésta garantizará el buen funcionamiento de las operaciones y también ayudará a ofrecer una mejor calidad en la atención al cliente, con el objetivo de lograr las metas deseadas. A continuación, se describen una serie de recomendaciones que le resultarán de gran utilidad:

- Definir los puestos de trabajo y las funciones que deberán cumplir. Toda empresa debe apoyarse en la buena estructura de sus áreas. Al tener claro qué cosa hará cada quien, se evitará, por ejemplo, la duplicidad de las tareas.
- Clasifique las labores. Un buen método en este caso es el categorizar las responsabilidades según la solución que necesiten. De esta manera, se podrán atender las tareas con el debido orden.
- Implemente los plazos. Esto tiene que ver con el establecimiento del tiempo para los trabajos en cuestión. Los límites son importantes.
- Mantenga el enfoque. Conservar 100% de atención en lo que corresponde. No permitir distracciones.
- Tome las primeras horas del día para hacer lo más difícil. Algunos estudios

recomiendan hacer las tareas más complicadas al inicio de la jornada. Esto es debido a que el cuerpo tiene mayor energía y concentración, además, se evitará posponer la tarea en cuestión.
- Delegar las tareas. Quizás exista la necesidad de supervisar todo en todo momento, pero esto es una práctica que puede jugarse en contra porque resta tiempo para ocuparse de asuntos más importantes. Delegar responsabilidades es un acto de confianza que puede generar un modelo de compromiso por parte de los empleados.
- Ordenar su espacio de trabajo. Aunque no parezca muy importante, el establecer un lugar de trabajo y el mantenerlo limpio, podrá significar una gran diferencia a la hora de trabajar.
- Plantear unos minutos al día para el esparcimiento. Disponer unas cuantas horas al día para salir a caminar o tomar un café también le será beneficioso.

Significará un pequeño respiro ante el estrés del día a día.

Técnicas y herramientas para evitar la procrastinación

El enemigo número uno de la gestión del tiempo es la procrastinación, la cual consiste en perder el tiempo en situaciones irrelevantes e improductivas. Una consecuencia clara de ello es, por ejemplo, el aplazamiento de las responsabilidades, algo que puede ser muy peligroso para usted -el emprendedor-, y la pequeña empresa. Si bien para combatirla se necesita de profesionalismo y seriedad, estas técnicas y herramientas le serán de gran utilidad para volverse más productivo:

- Aunque no parezca posible, existe la procrastinación por el miedo al fracaso. Es por ello que recomiendo mantener una buena actitud y una mente positiva para

enfrentar sus miedos y preocupaciones que puedan desestabilizarlo.
- Si alguna tarea se vuelve particularmente difícil de resolver, es bueno pedir ayuda. Esto también representará una gran oportunidad para afianzar las relaciones entre los compañeros de trabajo.
- Las listas son una parte fundamental durante el proceso de planificación de las tareas. En este punto, se nombrarán dos de gran utilidad y practicidad, y otras estrategias:
- Tablero Kanban: las tareas están dispuestas en una columna y en las posteriores se describen el avance que tienen durante un periodo de tiempo. Esta técnica puede hacerse desde Excel hasta en una pizarra.
- Top 3: es un método sencillo que consiste en colocar las tres tareas más importantes a realizar en el día. Es un ejercicio interesante de priorización.

- Técnica Seinfeld: fue creada por el cómico y productor Jerry Seinfeld como método para aumentar los niveles de productividad. Esta técnica plantea que realice un calendario y coloque en este las metas diarias a cumplir. A medida que las cumpla, se marcarán y así podrá avanzar con lo siguiente. Según Seinfeld es un método que mantiene la motivación sobre el trabajo, minimizando las probabilidades de procrastinación.
- La técnica de los 5 minutos: se refiere a ejecutar tareas puntuales –no muy complejas- en cinco minutos. Estas pueden ser desde responder correos electrónicos, hacer llamadas o realizar la planificación del día.
- Técnica pomodoro: es una de las técnicas más populares en la actualidad gracias a sus buenos resultados. Consiste en dividir la jornada laboral en lapsos de 25 minutos en donde hará las tareas sin distracciones. Luego de pasado el tiempo, podrá hacer

un descanso de 3 a 5 minutos. Luego de cuatro bloques de 25 minutos, podrá tomar un receso más largo, generalmente de 15 a 20 minutos.
- Mapas mentales y diagramas: un recurso que puede ser igual de útil es la realización de mapas mentales y diagramas. En este caso puede usar dibujos, fotografías y cualquier tipo de imágenes para organizar mejor la información.

Lean Management

El "Lean Management" es una forma de trabajo que se centra en hacer que los procesos de la empresa sean mucho más eficientes, al eliminar las actividades que no aportan beneficios tangibles. Esto, al final, se traducirá en la reducción de costos y en un mayor margen de ganancia. Un aspecto interesante de este método es que se extiende a todas las áreas de producción económica, por lo que puede ser particularmente útil para la pequeña empresa. Para ahondar un poco más al respecto, se puede decir que el Lean Management comprende las siguientes características:

- Se centra en la mejora continua.
- Su principal política se basa en la delegación de tareas y en la resolución de problemas en todos los niveles de la jerarquía empresarial.
- Señala la importancia de los procesos y no sólo en los resultados.
- Incentiva el trabajo en equipo.
- Los problemas buscan solucionarse en el área donde se originaron.

Asimismo, cabe destacar los pilares del método:

- Valor: los clientes se acercan para buscar la satisfacción de una necesidad, por ende, no sólo debe concentrarse en ofrecer un producto o servicio, sino en una experiencia más completa.

    Si usted toma en cuenta este punto, sobre todo tratándose de una pequeña empresa, aumentará las probabilidades de crecimiento y diferenciación en relación con la competencia.

- Cadena de valor: se refiere a que deben eliminarse los procesos que representan un desperdicio de tiempo, energía y dinero. Para lograrlo, deberá prestar especial atención en la producción.
- Flujo: consiste en la reducción del procesamiento de un producto o servicio sin que se vea comprometido su calidad. El flujo debe ser suave, sencillo y práctico.
- Pull: insta la reducción del inventario y más bien, enfocar los esfuerzos en la producción del producto o servicio cuando el cliente lo solicite. Esto descarta de plano los pronósticos de venta a largo plazo.
- Perfección: la mejora continua es el estandarte del Lean Management porque busca que el proceso sea eficiente siempre que se ponga en práctica. En ese sentido, aplicará métodos para identificar los

problemas y fallas durante la generación del producto o servicio.

Técnicas para aplicar el Lean Management

Las siguientes herramientas le permitirán el desarrollo de esta filosofía de trabajo enfocada en la calidad de los procesos y los resultados:

- Las 5 eses: se centra en la mejora continua en cuanto a la seguridad y calidad. Las 5 eses son las siguientes:
  - Seiri (clasificar): se determinan los elementos que son útiles y los que no lo sean deben ser descartados.
  - Seiton (ordenar): cada factor debe estar ubicado en el lugar correspondiente.
  - Seiso (limpiar): implica mantener los equipos limpios y las áreas de trabajo ordenadas.
  - Seketsu (estandarizar): mantener las tres eses explicadas anteriormente para su funcionamiento.

- Shitsuke (disciplina): implica conservar lo establecido y mejorar cada aspecto de manera progresiva.
* SMED (Single Minute Exchange of Die): es el conjunto de técnicas que establece el cumplimiento de cambios de operaciones en menos de 10 minutos. Con esto se quiere ahorrar tiempo de producción, aunque demanda el orden de las herramientas a utilizar en el proceso.
* Chequeos de autocontrol: el trabajador tendrá la responsabilidad de revisar y supervisar el trabajo hecho. La clave de este método es tener buena actitud y capacidad de autocrítica.
* La matriz de la auto calidad: busca encontrar la raíz del problema que se haya filtrado en el proceso. Aquellas fallas que sean graves, serán categorizadas para elaborar planes y así implementar las soluciones correspondientes.
* Producción nivelada: consiste en una técnica que está involucrada en la

producción según la demanda del cliente. Si bien esta última es fluctuante, es preferible no ejecutar grandes lotes del producto, sino una menor cantidad pero preservando la calidad del resultado final.

¿Cuáles son las ventajas del Lean Management?

- ✓ Permite un análisis detallado de los procesos internos de la empresa, con el fin de proporcionar soluciones prácticas.
- ✓ Involucra a todos los trabajadores y demás áreas de la empresa, por lo que también aumenta el sentido de pertenencia por parte del personal.
- ✓ Analiza los resultados de periodos anteriores en pro de la búsqueda de mejoras.
- ✓ Reduce costos y tareas redundantes.
- ✓ Puede acercar a la empresa al concepto de calidad total.

VI. No todos los clientes son buenos

Este es el tema que más trabajo me dio al momento de redactar. Confieso que hasta pensé no incluirlo, ya que no quiero enviar el mensaje equivocado. Pero, como hace poco alguien me trajo el tema pues entiendo es necesario. Cuando se provee un servicio, se está vendiendo tiempo, y el tiempo es limitado. Por ende, hay que ser sabio en qué proyectos o clientes uno va a invertir ese tiempo.

En mi caso, yo atiendo muy pocas personas a la semana. Aunque la reunión puede ser corta (en su mayoría menos de dos horas), yo luego empleo horas y horas por cada cliente para desarrollar el producto que solicitaron, que la mayoría de las veces conlleva redacción de lenguaje altamente técnico. Así que prefiero dejar esos pocos espacios para clientes buenos. Con esto me refiero a personas que respetan mi trabajo y valoran mi tiempo. Afortunadamente pude decir que una gran mayoría de las personas que me contratan caen bajo ese perfil y las pocas veces que ocurre lo contrario (una o dos veces al año) pues lo manejo lo mejor posible, según entiendo. Pero he visto de cerca personas que no corren con la misma suerte. El problema con esto es que si le toca un caso donde el cliente le roba las energías, de alguna manera u otra puede afectar los otros casos que esté corriendo. Peor aún, hay clientes que son tan difíciles que simplemente lo que generan son pérdidas. Por eso, hay que evitarlos a toda costa.

Quiero hacer la salvedad, de que estoy hablando de clientes extremadamente difíciles, que no respetan o valoran el tiempo y trabajo de los demás, que en ciertos momentos pueden ser altaneros o que la arrogancia es su atuendo del día a día. No estoy hablando de clientes exigentes, si el cliente paga por un servicio tiene todo su derecho de hacer miles de preguntas, pedir cambios, y cuestionar por qué se hizo qué o tal cosa. De hecho, estos son los mejores porque nos ayudan a crecer y a mejorar nuestros procedimientos. Esto es importante que quede meridianamente claro, si usted como empresario se incomoda con clientes exigentes, es porque está en la profesión equivocada o no está seguro de su trabajo.

De regreso al tema, hay que hacer todo lo posible por anticipar estos casos para entonces toma la decisión de si va a aceptar el proyecto o no. Le adelanto que ésta será una de las decisiones más difíciles de tomar debido a lo siguiente:

- Primero, no necesariamente porque alguien se muestre difícil al principio lo sea después. También esto sucede al revés.

- Segundo, si usted no tiene más proyectos y necesita el dinero con urgencia, probablemente va tener que aceptar.

- Por último, a veces ocurre que estos clientes que fueron un infierno, después que el proyecto acaba son las personas que más refieren clientes a uno.

Dicho esto, mi recomendación es hacer una lista de pros y contras, si no aceptará el proyecto tiene que notificarlo al prospecto con premura, no haga lo que hacen muchos que simplemente desaparecen y no contestan los mensajes. Si esto le está ocurriendo frecuentemente tiene que auto evaluarse. Lo próximo que van a leer puede ser chocante para muchos pero quiero ser lo más realista posible. Es posible que usted sea el problema, a lo mejor no se está proyectando como una persona profesional o que irradie respeto.

Lamentablemente vivimos en unos tiempos donde el respeto se tiene que ganar. Y digo lamentable, porque pienso que esto no debe ser así, todo el mundo merece respeto no importa qué. Pero como este libro no es de filosofía, es de negocios, mis recomendaciones son en base a lo que vivimos día a día. Por ejemplo, si usted llega tarde a la reunión, con una dona en la mano y para colmo en el medio de la misma interrumpe para coger el teléfono y dice: "disculpe, voy a contestar esta llamada porque estoy coordinando una fiesta con unas amistades". No puede pretender que ese prospecto se lleve una buena impresión de usted.

Puede ser el mejor ser humano del mundo y como quiera pero ante un escenario como ese, él no se sentirá cómodo con usted, y aunque al final opte por los servicios, es posible que la relación sea un poco atropellada, simplemente porque la persona ya formó prejuicios.

Ahora bien, usted puede ser la persona más profesional del mundo y todo el proceso es impecable, y de cualquier forma estará expuesto a malos clientes. Me encantaría mencionar una técnica infalible para detectarlos, pero no la hay.

De hecho, muchas veces la única herramienta que tenemos es nuestro instinto. Pero si les puedo decir que en esas primeras reuniones pueden haber banderas rojas de las cuales hay que estar pendientes.

- La primera y creo que la más obvia: si llega tarde a todas las citas y por mucho tiempo, puede ser una señal. No olvidemos que la puntualidad es bilateral, aunque la persona sea el cliente (o prospecto) tampoco eso le da derecho para aprovecharse de que uno está ansioso por cerrar la venta y jugar con el tiempo de uno. Así que si la primera reunión lo hizo esperar, lo puede dejar pasar, pero si ya pasa una segunda o tercera vez y para colmo ni se disculpa, ya puede hacer un check mark rojo y grande en sus anotaciones.
- La segunda es cuando mienten. Una relación que empieza con mentiras no hay forma que prospere, así que siéntase en la libertad de levantar la bandera.

- Como tercera, destaco lo que en inglés llaman el "responsiveness", si le solicita información o lo llama y siempre tarda en contestar, es una bandera. Una vez que comience el proyecto quizás sea igual y eso atrasará todo. Como la culpa es ajena, usted tendrá la culpa de los atrasos.

- Otra conducta que levanta banderas es cuando hacen comentarios inapropiados y despectivos especialmente cuando son relacionados al servicio que ofrece. Por ejemplo: "lo que tú haces, cualquier recién graduado lo puede hacer con la mano izquierda, pero nada te contacté, porque mi esposa insistió".

- Y la quinta, que está implícita en el ejemplo que acabo de dar, cuando una persona lo contacta porque otra persona con influencia ejerció presión. Ésa es de las más difíciles, porque es posible que la persona tratará de demostrar que la otra persona estaba mal en recomendar a uno.

Por otro lado, podríamos mencionar una sexta, una persona que nos habla con altanería o nos trata mal, pero ya en esos casos no hay que pensar mucho. Quiero hacer una salvedad de la cuarta. Esta podría ser la más difícil de determinar porque a veces hay personas que hacen comentarios sin ninguna intención o simplemente porque les gusta utilizar el humor negro. También, cuando uno está comenzando tiene muchas inseguridades y esto puede dar pie a uno tomar mal un comentario inofensivo.

Para finalizar, repito que es uno de los temas más difíciles, porque no nos podemos dar el lujo de estar rechazando clientes. Pero sí debe ir preparándose para este tipo de situaciones. Conozco a alguien que me dijo una vez: "no tengo ningún problema en aceptar clientes difíciles, pero cuando envío la propuesta, subo los precios". Así que es una alternativa cuando nos topamos con este tipo de casos. Otra es modificar los acuerdos, y asegurarse que todo esté claro para evitar malos entendidos.

VII. Optimización en el proceso de venta

Las ventas corresponden a uno de los procesos elementales y más presentes en la actualidad. De hecho, se trata de una actividad que vemos constantemente y que también la aplicamos nosotros con los demás. Sin embargo, se ha comprobado que esta transacción no sólo termina en la conclusión de la venta, sino que además implica otra serie de situaciones que el vendedor deberá aprovechar a su favor para poder destacar entre el resto. Esto podría parecerle muy sencillo, pero lo cierto es que se requiere de mucho más esfuerzo cuando se trata de una pequeña o mediana empresa, incluso si usted llegase a trabajar como independiente. En estos casos, hay que saber hacer las cosas con cuidado.

Por otro lado, también es necesario que tomemos en cuenta un aspecto importante: no todos se sienten cómodos siendo vendedores, por lo que podrá afectar directamente en el desempeño y cierre de las ventas. Aunque esto pueda verlo un poco amenazante, lo cierto es que por suerte existe una variedad de pasos, estrategias y consejos que le permitirán el feliz cierre de un proceso tan vital para potenciar a cada persona y establecimiento.

Las ventas están presentes en nuestro alrededor, eso es innegable, y son importantes en cada uno de los rubros de la economía. En la actualidad, no sólo basta con ofrecer un producto o servicio, es necesario también, que demos un valor agregado al cliente. Debemos generar una experiencia positiva y agradable, con el objetivo de llevarnos al siguiente nivel. En vista de lo anterior, enseguida tomaremos en cuenta una serie de puntos que se describirán más a detalle durante este capítulo, desglosado en los siguientes ítems:

- Lo necesario para hacer el contacto inicial con los clientes.
- Manejo de crisis y objeciones por parte de los clientes.
- Diferentes técnicas de cierres de venta.
- El servicio de postventa.
- Estrategias de venta, enfocadas en pequeños negocios y particulares – En este punto en específico, se hablarán de métodos y herramientas que el empresario puede aplicar de manera más o menos sencilla.

El contacto visual con los clientes

Según algunos autores, esta parte puede causar temor hasta en los vendedores más experimentados, ya que consiste en el primer contacto que se tiene con el cliente. Para que pueda tener un resultado satisfactorio, debe seguir dos reglas esenciales: a) promover un ambiente agradable y b) mostrarse a sí mismo como un vendedor capaz. Tomando en cuenta esos factores, se procederá a cumplir con lo siguiente:

- Presentarse de manera tranquila y segura. Con esto me refiero a hacer un primer saludo cordial y seguro, ya sea de manera directa o por medio de algún otro canal. Lo importante es demostrar confianza y capacidad.
- Proceder a la entrevista. Hay que imaginar esta parte como si se tratara de una conversación, mientras más natural, mejor. En esta sección, el vendedor hará preguntas y comentarios con el fin de encontrar las necesidades y demandas del potencial cliente.
- Crear una conexión o lazo entre el cliente y el vendedor. Esto lo puede lograr a medida que avance la conversación, pues el hacer sentir cómodo al otro representa un gran valor agregado.

- Establecer una relación con la información. En este punto, en donde hay fluidez en el diálogo, es donde el vendedor debe despertar el interés sobre el producto o servicio. Para alcanzar esta meta, el vendedor deberá establecer un vínculo con la información obtenida durante la entrevista – incluyendo las necesidades-, de manera que haga que la propuesta se sienta atractiva y convincente.

Manejo de la crisis y de las objeciones

El escenario ideal siempre será que el proceso de venta sea de manera tranquila y sin demasiados problemas; no obstante, para hacerse un buen vendedor, especialmente si usted es emprendedor, requiere conocimiento sobre el manejo de la crisis y de las quejas que manifieste el cliente. De hecho, según especialistas en ventas, existe un factor determinante que puede manifestarse en medio del proceso de venta, se le llama "miedo de cliente". Este puede desencadenarse en forma de dudas o excusas que impiden el cierre de la venta.

Para tener un mayor manejo de este concepto, se explicarán los diferentes tipos de objeciones que pueden presentarse:

1. **Objeciones reales** – Son las más comunes y estas demuestran la desventaja del producto o servicio.
2. **Objeciones por malentendidos** – Se produce cuando algún punto no ha quedado lo suficientemente claro, generando malos entendidos y dudas.
3. **Objeciones por recelo** – El cliente experimenta cierta desconfianza en el producto o servicio, por lo que será necesario reforzar la estrategia de venta.
4. **Objeciones por pretexto** – En este caso, el cliente no da una respuesta definitiva, dejándolo a usted, el vendedor, a la espera de una conclusión.

5. **Objeciones por indiferencia** – La característica principal en este tipo de situaciones tiene que ver con el hecho de que el cliente no se siente interesado ante la propuesta. En este caso, deberá buscar una conexión real entre el servicio o producto y la necesidad en cuestión.

Ahora bien, existe una mayor claridad sobre las objeciones –e incluso las quejas-, por lo que corresponde elaborar la acción para contrarrestar cualquier caso que se presente:

- La clave es la preparación. Como vendedor, debe conocer la cabalidad del producto y servicio para que tenga claro cuáles son sus propiedades, así como los puntos débiles de este.
- Escuchar al cliente de manera calmada para comprender bien el planteamiento de la objeción o de la excusa. Lo importante es que debe mantenerse una actitud abierta al diálogo.

- Preguntar. Si no ha quedado claro un punto ya expuesto por el cliente, debe preguntar por los aspectos que se desean esclarecer. De esa manera, el vendedor podrá encontrar la solución sobre la duda que este tiene.
- Si la situación se vuelve incómoda o incluso ofensiva, mantener la calma y la cordialidad es vital. Hay que demostrar profesionalismo en todo momento.

Diferentes técnicas para el cierre de ventas

Llegar a este paso significa que tanto el primer contacto como la resolución de las objeciones le resultaron ser un éxito, puesto que el cliente está listo para adquirir el producto o servicio. No obstante, el vendedor no debe perder la vista, ya que deberá permanecer atento para que pueda concretarse la venta finalmente. Pero, ¿qué implica la venta final? Como se señaló anteriormente, usted deberá seguir avivando el interés, y a la vez estar preparado por si surge alguna objeción en esta fase. A continuación, se mostrarán algunas de las técnicas más útiles en este caso:

- Cierre directo. Es definido como uno de los más sencillos, ya que implica la pregunta directa al cliente de que si este comprará el producto o no. Para algunos expertos es arriesgado debido a que puede provocar un efecto contrario, aunque más bien dependerá de la manera de cómo se realice.
- Cierre por amarre. El fin principal es que logre la mayor cantidad de respuestas positivas por parte del cliente. Esto se logra por medio de interrogantes como: ¿Sí o no?, ¿No cree? o ¿Verdad?
- Cierre con incorporación de plan de acción. En este caso, usted mostrará los procesos que se harán al concretar la venta. De esa manera, el cliente seguirá concentrado en los beneficios del producto o servicio.
- Cierre de la dificultad. Es una técnica útil cuando se trata de hacer que el comprador tome una rápida decisión de compra, al instarle la urgencia que debe tener para comprar el producto o servicio. Sin

embargo, para lograrlo, usted como vendedor deberá demostrar una gran habilidad persuasiva.
- Cierre por equivocación. Expertos en ventas afirman que se trata de una estrategia de cierre efectiva, pero que implica cierta picardía. Esto se debe a que debe simular un error sobre alguna información que formó parte del proceso. Si hay una corrección por parte del cliente, quiere decir que ya se hizo una decisión de compra.
- Cierre con venta perdida. Se emplea cuando presienta que no se tomará una decisión de compra, por lo que optará por resaltar algún beneficio o propiedad que se le haya olvidado sobre el producto.
- Cierre Benjamin Franklin. Según registros, se dice que esta era una técnica empleada por Benjamin Franklin cuando deseaba cerrar una venta. En esta ocasión, debe hacer el gesto de que se retira del lugar para luego preguntarle al cliente sobre su

decisión. En ese momento sacará una hoja en donde dibujará dos columnas: en una sobre las razones para no comprar el producto, la cual será llenada por el cliente, y la otra con los beneficios del mismo escrita por usted, el vendedor. Se estima que por medio de esta técnica, el vendedor tendrá razones más claras para el rechazo del producto, de manera que podrá hacer las respectivas refutaciones.

El servicio postventa

Hasta ahora, ha visto que el proceso de venta requiere de preparación, inteligencia y un poco de picardía. Sin duda se le presentarán negativas y situaciones difíciles, pero la venta es uno de los tantos pasos para llevar el negocio o emprendimiento hacia donde desee. Si bien lo anterior es más que cierto, está otro aspecto que, como vendedor, deberá respetar. Este tiene que ver con el servicio postventa.

El objetivo del servicio postventa es seguir ofreciendo una experiencia diferente, en cuanto atención al cliente, después de la compra. Es una estrategia que se alimenta de las fases anteriores y permite establecer un lazo estable con el comprador. Podría preguntarse, ¿por qué es importante para los emprendedores y pequeñas empresas? Porque gracias a un servicio de calidad, el cliente se sentirá cómodo y contento con usted, capaz además de compartir su experiencia con otros que también deseen satisfacer su necesidad. Esto se traduce en una oportunidad de crecimiento sumamente valiosa.

Aspectos que debe tomar en cuenta en un servicio postventa

- El ofrecimiento de descuentos y promociones en posteriores compras.
- Atender de manera personalizada a los clientes garantiza una mejor experiencia de compra y una relación más duradera.

- Brindar garantías si el producto o servicio no satisface las demandas y necesidades del cliente.
- Ofrecer guías y ayudas sobre el mantenimiento del producto.

Consejos para realizar un buen servicio postventa

- Realizar comunicaciones que mantengan la motivación al cliente respecto al producto o servicio. Puede contemplar la personalización de mensajes y avisos.
- Contactar al cliente para saber cómo ha sido su experiencia con el producto. De esta manera, el vendedor obtendrá dudas, quejas o comentarios que le ayudarán a mejorar la experiencia en un próximo proceso de compra.
- Usted, en su papel de vendedor, también podrá hacer sugerencias sobre el mejor funcionamiento del producto. El comprador podrá sentir que es capaz de

aprovechar el máximo de las virtudes de lo adquirido.
- La asesoría en mantenimiento y funcionamiento sobre el producto, le permitirá establecer una relación de confianza y seguridad con su cliente.
- Una forma eficaz de mantener la comunicación con los clientes es a través del email marketing, ya que por medio de esta podrá realizar encuestas y lanzamiento de ofertas y propuestas atractivas para los clientes.

Aunque se han mencionado los aspectos importantes sobre este ítem en particular, es necesario destacar la importancia del servicio postventa, especialmente cuando se trata de una empresa pequeña o un emprendimiento:

- Crea lealtad a la marca.
- La mejor publicidad la hace el cliente que está satisfecho. De hecho, existen estudios que afirman que la decisión de compra también

puede verse influenciada por los comentarios de los otros.

- Si se desea lanzar un nuevo producto, un buen punto de partida serán los clientes con los que ya se cuentan porque, gracias a estos, se podrán obtener otros tantos más.
- Un cliente satisfecho también es uno que puede solicitar los servicios o la compra de más productos.
- Asimismo, crea la posibilidad de obtener una cartera de clientes que permanecerán fieles y atentos ante cualquier novedad de la marca.
- Los clientes son una fuente valiosa de conocimiento sobre el funcionamiento de nuestro producto y las debilidades que este podría tener. Cualquier sugerencia o recomendación que el comprador haga, debe ser tomada en cuenta porque, al final, se desea mejorar cada vez más el producto o servicio.

Las estrategias de ventas

En los puntos anteriores tratamos los aspectos básicos en el proceso de venta, así como una serie de recomendaciones y sugerencias para que tenga éxito en la materia. Pero, por otro lado, el pequeño negocio debe valerse de una serie de estrategias que le permitan adaptarse al mercado, mantenerse y expandirse. En este sentido, le presento una serie de opciones, algunas enfocadas al marketing digital debido a la actualización de las plataformas actuales, la necesidad de una atención al cliente fuerte y a la competencia:

Pero antes de empezar, un negocio o empresa debe apoyarse en la definición de una imagen corporativa, al igual que como mencionaremos en capítulos posteriores, el hecho de que usted como "marca" debe tener una buena imagen. La misma, debe reunir las características principales del producto o servicio a ofrecer. ¿Por qué es importante? Porque crear una imagen acorde resultará atractiva para la gente, a la vez que se diferenciará de la competencia.

- Contar con una buena presencia web. Se ha vuelto prácticamente necesario que el negocio cuente con presencia digital, ya sea por medio de una página, fichas de comercio o en redes sociales. Veamos algunos aspectos importantes en estas herramientas:
  - Página web: brinda información clara, sencilla y rápida de la empresa. Lo importante es que esta deba ser visualizada en cualquier tipo de dispositivo.
  - Fichas de comercio: es una propiedad vinculada a Google Maps que permite señalar el punto del establecimiento, los horarios, contacto y hasta fotografías del lugar. Gracias a ello, el cliente podrá marcar la visita y también dejar el comentario sobre su experiencia.

- Redes sociales: quizás se trate de la opción más accesible de todas, puesto que no se requiere de una gran inversión monetaria el abrir las cuentas en las redes sociales más importantes del momento. No obstante, sí será necesario establecer una estrategia de mercadeo que respete la imagen y el contenido a publicar.

En cualquiera de los casos anteriores, el cliente podrá indicar promociones, ofertas, descuentos, eventos y hasta el lanzamiento de diferentes productos.

- Creación de una tienda virtual: si se ha alcanzado una buena relación con los clientes a nivel local, ¿por qué no probar con una estrategia que proyecte más el servicio o producto? Según expertos, vale la pena experimentar con esta herramienta, puesto que en la actualidad se puede contar con una variedad de rangos de precios para cada tipo de empresa. Por

otro lado, una clara ventaja al respecto tiene que ver con que será posible llegar a clientes que se encuentren en puntos más alejados y que potencialmente podrían estar interesados en su producto.
- El comercio digital es una gran opción, pero tampoco olvidemos que existen otras alternativas que pueden ser ideales para aquellos negocios que apenas están comenzando. Hacer promociones y cadenas por WhatsApp o SMS puede llegar a ser sumamente útil. Lo mejor de este caso, además, es que también puede retomarlo en el futuro.
- Las páginas web, blogs y redes sociales no sólo son vitrinas para mostrar los productos, sino también espacios para destacar los testimonios de los clientes. El reseñar los comentarios positivos de los compradores, podrá tener una fuerte influencia a la hora de hacer la decisión de compra.

- Modernizar los procesos es una inversión que hay que considerar, puesto que más adelante representarán un ahorro en cuanto a logística, tiempo y energía. Esto incluye la implementación de un sistema eficiente para el control del inventario, gastos y pagos. Los datos que se obtengan podrán ser utilizados con el fin de conocer: los productos más vendidos, el número de ventas (por días, semanas o meses), márgenes de ganancia, frecuencia de compra de los productos y los clientes habituales.
- Las ofertas, descuentos y promociones son recursos que son indiscutiblemente atractivos para los clientes y compradores. De hecho, lo ideal es que se hagan a lo largo del año ya que no sólo mantienen a los clientes, sino que estos también ayudan a captar a unos tantos más.
- Como dije anteriormente, en la actualidad la experiencia de compra debe ir mucho más allá. Ya no sólo consta de vender el

producto, sino de ofrecer opciones que den paso a un valor agregado. Para una pequeña empresa, una buena opción sería ofrecer degustaciones, sorteos y hasta tertulias.

- El servicio y la atención de calidad siempre serán los mejores aliados de un pequeño negocio. Profesionalismo, amabilidad, cortesía y respeto son los pilares fundamentales para un trato de primera. Además, no sólo le será útil en esta etapa del proceso sino también cuando su empresa crezca con el paso del tiempo. Es una cualidad que no se debe perder.
- A veces lo más sencillo cuenta y esto tiene que ver directamente con el aspecto del establecimiento. Esté atento en hacer mantenimiento, las reparaciones correspondientes y las refracciones necesarias, porque pueden dar un aire diferente al lugar. Lo mismo sucede con la decoración en general.

- Una manera de fortalecer el negocio es apoyarse también en los establecimientos que se dedican a lo mismo. Bien, son competencia y eso está claro, pero igualmente pueden ser una alternativa para dar pie a las asociaciones y alianzas.

Lo que no hay que olvidar

Detrás de cada estrategia o planificación, siempre debe considerar que debe enfocarse en un proceso de mejora continua. Esto requiere disciplina, seriedad, organización y profesionalismo, además de las siguientes competencias:

1. La era digital ha permitido la definición del target (objetivo) de manera específica y clara. Aproveche las herramientas que lo permiten.
2. Hay que tener una presencia activa y dispuesta a atender a los clientes todos los días, durante todo el año. Esto aumentará la capacidad de compra de su producto.

3. Escuchar a los clientes es fundamental para garantizar el éxito del negocio o pequeña empresa. Ya sea por herramientas como Google Analytics, que ayuda a conocer los gustos, edades y tendencias del público o sólo prestando atención a los comentarios que haga el cliente directamente. Las críticas servirán para mejorar.

VIII. ¿Cómo usar la marca más valiosa del mundo para desarrollar su negocio?

De la misma manera que se mencionó en el capítulo anterior, pensamos en desarrollar una imagen de marca para el negocio, desarrollando logo, visión, misión, valores, colores que la identifiquen, consigna, etc. Dado que la combinación de estos elementos va formando la reputación y reconocimiento de la marca; de esa misma manera tenemos que desarrollarla para nosotros mismos. Se preguntará, ¿y por qué esto es necesario?, ¿cómo hago eso? Es necesario porque usted es el ente detrás del negocio, el motor, el creador y el que estará desarrollándolo, manejándolo y haciéndolo crecer. Inclusive cuando estamos comenzando un negocio, la imagen de uno mismo es más importante de lo que muchos piensan. En otras palabras, cuando un negocio es nuevo, la imagen que abrirá puertas o con la que comenzará el negocio, es con la suya.

En lo que la imagen de la marca del negocio se desarrolla, ¿a quién van a conocer? A usted. Entonces, su imagen va de la mano con la del negocio. ¿A quién conocen en el banco? ¿A quién conocen los suplidores? ¿Quién estará haciendo las gestiones de ventas? Usted, y es por esto que su imagen es la que estarán percibiendo. Por consiguiente, es importante que tenga una imagen apropiada. Veámoslo desde otro punto de vista. Usted ya tiene una reputación desarrollada, un bagaje, una experiencia, lo reconocen por su forma de ser, por alguna habilidad, por el *networking* que tiene, etc. Todo eso hay que usarlo para el beneficio del negocio. Estas son solo alguna de las razones por las cuales es importante tener una imagen de marca personal bien desarrollada para así poder desarrollar la del negocio.

¿Y cómo hago eso? Hay varios elementos que nos pueden servir de guía para evaluar nuestra imagen, en otras palabras, evaluar nuestra marca personal. Evaluando estos 9 elementos, podrá identificar sus fortalezas y sus áreas de oportunidad (o debilidades) para trabajarlas y que sirvan a su favor. A continuación, los elementos de marca con unas guías y ejemplos para que le resulte más fácil evaluarse:

1. **Marca** - ¿Cuál es su nombre de pila? ¿Cómo le gusta que le llamen? ¿Se reconoce por algún apodo? Ejemplo: Antonio Pérez y le dicen "Tony"

2. **Logo** - ¿Algún dibujo o imagen que le guste por su significado o porque lo diseñó usted? Ejemplo: a Antonio le encantan las estrellas porque lo inspiran a que puede llegar lejos. Tanto es así que tiene un tatuaje de una estrella.

3. **Consigna** (mejor conocido por su término en inglés "slogan") - ¿Qué frase le gusta mucho, ya sea porque la dice mucho o simplemente considera que describe su estilo, forma de ser o forma de pensar? Ejemplo: Antonio siempre dice "el cielo es el límite".

4. **Descripción** - ¿Cómo es? ¿Cuáles son sus características? Descríbase en 3 palabras. Ejemplo: Antonio se distingue por ser responsable, optimista y porque le gusta ayudar.

5. **Empaque** - ¿Qué colores le gusta usar? ¿Cómo viste? ¿Cuál es su apariencia? ¿Cuál es su lenguaje corporal, verbal? Ejemplo: Antonio siempre está bien vestido y perfumado, es una persona atractiva.

6. **Beneficios** - ¿Qué cualidades considera usted que lo describen? Quizás hay alguna cualidad que sienta que le hace diferente a los demás (esto pudiera ser una ventaja competitiva, o sea lo pone en ventaja al

lado de los demás). Ejemplo: Tony es bueno en computadoras y hablando en público, adicional a que habla tres idiomas.

7. **Posicionamiento** - ¿Cómo lo ve la gente? ¿Qué lugar ocupa en la mente de las personas? ¿Lo reconocen cuando lo ven? ¿Con qué lo asocian? ¿Cuál es su reputación y qué impresión causa? Ejemplo: Todo el mundo dice que es muy inteligente, respetuoso y que se pasa trabajando.

8. **Mensaje de Marca** - ¿Qué mensaje lleva? ¿Qué lenguaje utiliza para expresarse? ¿Cómo se proyecta? Para saber cuál es su mensaje y si lo está comunicando apropiadamente, piense: ¿qué diría alguien de mí si le piden que me describa? Ejemplo: dirían que sabe lo que quiere en la vida y que llegará lejos porque es muy hábil y siempre está ahí para ayudar al que lo necesite.

9. **Modo de Comunicación** - ¿Cómo se comunica y a través de qué? Hoy en día con tantos medios de comunicación, ¿cuáles usa y cómo los usa? ¿Es de los que prefiere una llamada telefónica antes que enviar un mensaje de texto o prefiere enviar un email? Ejemplo: a Tony le gusta llamar por teléfono porque dice que consigue respuestas más rápido y le gusta ese toque más personal de poder escuchar la persona.

¿Qué tal le pareció el ejercicio? ¿Le fue fácil responder a cada pregunta? ¿A caso le hizo pensar en cosas sobre usted que no había pensado antes? Repase estos elementos y sabrá qué le distingue como marca. Cada uno de nosotros somos una marca, en el buen sentido de la palabra. No solo eso, sino que somos la marca más valiosa del mundo porque somos únicos y con un valor incalculable. Ya que conoce cuál es la marca más valiosa del mundo, significa que tiene todas las herramientas que necesita para desarrollar su negocio.

Somos seres humanos que buscamos darnos a conocer, que nos quieran y reconozcan, que hablen bien de nosotros, que piensen en nosotros, buscamos integrarnos con la familia y amigos, buscamos promover en lo que creemos, etc. ¿A caso no es lo mismo que buscan los negocios para ser prósperos? Que sus servicios y productos sean los que todo el mundo quiere, los que recomiendan, los que pasan de generación en generación. Así es, por lo que tenemos que conocer bien nuestra marca personal (nosotros mismos) para entonces saber que tenemos todo lo necesario, para que de la misma manera que somos súper valiosos en lo personal, lo somos para al negocio. Vuelva a hacer el ejercicio, revisando cada uno de los elementos, pero desde el punto de vista de su negocio y cuando finalice, tendrá la información que necesite para desarrollar su negocio.

IX. Necesita ser su Agente de Mercadeo

Al igual que las marcas de productos y servicios buscan proteger su identidad y velar por su imagen para destacarse y lograr reconocimiento, de la misma manera lo tienen que hacer los empresarios. ¿A caso los artistas no velan aspectos en su imagen y comportamiento para mantener una buena reputación y que el público los reconozca, los siga y los apoyen? Es algo tan importante para ellos que tienen un agente o persona que vela por lo que se pondrán, lo que van a decir y en qué momento, dónde asistirán, entre otras cosas. Esas personas son sus agentes de mercadeo porque velan por el desarrollo de la marca, en este caso, el artista (la marca viene siendo el nombre por el cual se reconoce).

Es por esto que le llamo "Agentes de Mercadeo". Ese escenario es similar para los que tienen un negocio porque el empresario es la figura principal del suyo. Usualmente cuando se comienza con el negocio es un equipo de una sola persona. ¿Por qué digo equipo si se es solo una persona? Porque esa sola persona tiene que hacer todas las funciones y responsabilidades que haría un equipo. Como decimos, somos un equipo de tres: yo, yo mismo y solo yo. Siendo así, es importante que sepamos ser nuestros propios agentes de mercadeo, quienes velaremos continuamente por la imagen que proyectamos.

A continuación, se presentan aspectos claves que se deben velar y proteger a la hora de hacer negocios y de comportarse, de manera que la imagen del empresario y del negocio sean cónsonas y de beneficio para el negocio. Se incluyen recomendaciones para que sea más fácil evaluar cómo lo está haciendo usted ahora mismo. Como bien dicen por ahí "la primera apariencia es la que cuenta" y recuerde que solo se tiene una primera vez, por lo que tiene que asegurarse de causar una buena impresión desde el inicio.

- **Proyección.** Como se proyecte es cómo lo percibirán los demás, por lo que es importante que demuestre seguridad y confianza de sí mismo. Esto aplica al llegar a un sitio, cuando esté hablando, interactuando, escuchando, despidiéndose y demás. En fin, en todo momento debe proyectar seguridad. Sea en persona, de manera hablada o escrita, siempre hay formas de lograr una buena proyección y de mantener consistencia a través de los diferentes medios de comunicación que utilice. Para que logre esa seguridad y esa confianza en sí mismo es importante que conozca bien su producto o servicio, su negocio, el cómo opera, las metas, lo que ha logrado y lo que quiere lograr con el negocio, y por supuesto, que tenga conocimiento del tema del cual dialogará, ya sea porque lo desarrolló usted mismo y/o porque se instruyó buscando información. Todo eso ayudará a que se proyecte de manera que inspire credibilidad y el cliente o potencial cliente se sienta en confianza con usted y se acoja con su producto o servicio.

- **Apariencia Física**. La apariencia depende de muchas cosas, entre ellas:
  - El estar presentable. En el caso de las damas, el maquillaje y los accesorios deben ser un complemento y no algo que distraiga la atención, a menos que el producto o servicio que se esté vendiendo sea relacionado a esa industria.
  - Tener un olor agradable.

- Usar ropa apropiada a su cuerpo, a su negocio y al cliente que va a visitar. La vestimenta es de lo primero que se aprecia cuando nos presentamos ante alguien por lo que es un aspecto de suma importancia de la apariencia física.

Es posible mantener el estilo propio, siempre y cuando sepa que hay que mantener el profesionalismo. Cuando va a la playa no viste igual que cuando va al gimnasio, y de igual forma es el ámbito de los negocios. Es recomendable vestir de manera elegante, pero a la vez cómodo y que usted se sienta bien y en confianza con lo que lleva puesto. Todo esto es importante para lograr proyectarse con seguridad.

- **Organización**. ¿Lleva todo lo que necesita? Por ejemplo, ¿computadora, libreta, bolígrafo o tarjetas de presentación? Es importante que tenga todos los elementos que necesita porque eso demuestra cuán organizado usted es. Una forma de mantener consistencia en ser organizado es tomando en cuenta los siguientes puntos:

- La preparación y planificación previa. Esto le ayuda a ser organizado, y mostrar que es organizado, porque se preparó con todo lo necesario para esa reunión, es un punto a su favor y causará una buena impresión al cliente.

- Las condiciones de las cosas que lleva son importantes y dejan mucho que decir de su imagen. Por ejemplo, si lleva un bolso o mochila, asegúrese de que esté limpia, no rota y tampoco manchada. Si llega en carro, que el carro esté limpio y bien cuidado. Se preguntará ¿el carro también?, si, así es.

Todo lo relacionado con usted, de una u otra manera, está relacionado a su imagen porque complementa su apariencia y el mensaje que transmite, por lo que debe mantener consistencia.

- **Equipo de Trabajo**. Debe asegurarse de conocer bien a todo el que trabaja con usted porque ellos también son portavoces del negocio y pueden influenciar la imagen de su negocio.
  - Empleados: Ya sean a tiempo parcial o completo, empleado en nómina o por servicios profesionales, debe asegurarse de que mantengan una imagen similar a la que tiene usted y a la que tiene el negocio. Recuerde que ellos representan su negocio, tanto su trabajo como su imagen.
  - Suplidores: Todo aquel que sea suplidor o le ofrezca algún servicio, pasa a ser su aliado de negocio porque trabajará en conjunto con usted. Por esto es importante que busque trabajar con suplidores que tengan valores de

negocio similares a los que tiene el suyo. ¿Qué cosas deben ser similares? Por ejemplo el nivel de responsabilidad, de compromiso y de urgencia. ¿Por qué? Porque al ser sus aliados de negocio, muchas veces usted dependerá de los servicios y productos que ellos ofrecen y no quiere quedar mal ante sus clientes por culpa de un suplidor que incumpla con usted y afecte su imagen ante su cliente. Para el cliente es transparente quiénes sean sus suplidores, pero si quiere que sus suplidores sean aliados y no una carga o que le causen estrés, tiene que conseguir suplidores con valores de negocio similares a los suyos.

- **Comunicación**. La manera de expresarse, verbal o escrita, también es un elemento que contribuye a su imagen. Algunos aspectos claves para tener una buena comunicación y que esta contribuya a tener una buena imagen son:

- Al expresarse de manera verbal, hágalo con un tono de voz apropiado, con el lenguaje apropiado según a quien le vaya a hablar, debe hablar solo en el idioma entendido en el lugar, hable articulando bien y con buena dicción.

- Si es por escrito, trate de minimizar las abreviaturas o si las va a usar asegúrese de explicar qué significan la primera vez que las escriba.

- Practique lo que va a decir mirándose al espejo para que vea como se ve. Le sorprenderá todo lo que puede aprender de usted mismo y el cómo identificará puntos que puede mejorar. Esa técnica también ayuda a controlar los nervios.

- Siempre debe mantener un formalismo y profesionalismo independientemente de que la comunicación sea escrita o verbal y en diferentes medios (*email*, carta, *Facebook*, *Whatsapp*, entre otros).

- Finalmente, pensar bien antes de hablar, de manera que pueda formular bien lo que dirá.

Como empresario debe estar asesorado en cómo ser su propio agente de mercadeo, porque al igual que el agente del artista vela por la imagen y el comportamiento de este, usted también lo debe hacer como empresario consigo mismo, tanto con su imagen, como con la de su negocio ya que son complementarias. Mantener una buena imagen y proyectarse con seguridad, haciéndolo de una manera consistente es de suma importancia para su éxito como empresario y por consiguiente para su negocio. Servirán de herramientas para que sus clientes lo recomienden y así ir ampliando la cantidad de clientes.

X. Reclutamiento

Bueno, ya lleva tiempo en su empresa y la misma ha crecido vertiginosamente. Por ende, debe comenzar a reclutar recursos. No importa qué puesto sea el que necesita cubrir, debe darle toda la seriedad que conlleva. Créame, un buen empleado puede catapultar su compañía/práctica. Un mal empleado puede llevarlo a la ruina. Por lo tanto, si usted quiere que su empresa sea grande y exitosa, debe actuar como tal. Procure que su proceso sea estructurado, no tan solo le ayudará a que le llegue buenos prospectos, sino también que los candidatos estarán entusiasmados en trabajar con usted. Recuerde, esto es una relación bilateral. Usted estará evaluando minuciosamente a los candidatos, pero ellos también a usted. En los siguientes párrafos profundizaré sobre la importancia del reclutamiento.

Para que una compañía mantenga una posición de liderazgo en los mercados, las empresas de todos los sectores industriales deben enfrentar permanentemente el reto de identificar recursos de primer orden, lo cual pueden lograr con estrategias adecuadas que les permitan incrementar y solidificar su posicionamiento, además de garantizar los retornos financieros para ser más competitivas. Es por esto que el reclutamiento es uno de los grandes dilemas que enfrentan las empresas. Es de gran importancia el saber identificar ese perfil profesional de alto impacto que contribuya en el posicionamiento de esta.

Existen múltiples razones por las que podría considerar contratar un experto en esta área, ya que también es importante entender los desafíos del mercado y la cultura de la empresa para así identificar el recurso deseado. Esto no solo implica tener un buen perfil académico, sino mucho más que eso. Debe tener en cuenta las cualidades como; liderazgo, compromiso, transparencia, buena actitud y ganas de hacer la diferencia.

Es por eso que las empresas necesitan ser estratégicas con las nuevas tendencias combinando ideas de negocios, visión y cultura de la empresa. Los principales temas que están en la mente de los líderes empresariales, y que le pueden ser de gran utilidad son:

- Cómo enfrentar la tecnología artificial
- Cómo ser más competitivos
- Cómo definir modelos operativos más eficientes
- Cómo preparar la fuerza de trabajo del futuro.

El modelo de negocio continúa creciendo a medida que las compañías de todos los sectores enfrentan los retos crecientes de un mundo cambiante y dinámico. Este fenómeno no es ajeno para los profesionales de reclutamiento (*headhunters*). Es por eso que hago énfasis en que esta rama requiere disciplina, enfoque, dedicación, estructura, entre otros.

Y a esta altura usted podría preguntarse, ¿qué es reclutamiento? La respuesta es, a grandes rasgos, el proceso de identificar y atraer candidatos a la organización, capacitados e idóneos según su cultura organizacional. Es importante señalar que los planes de reclutamiento, selección, capacitación y evaluación deben reflejar como meta, identificar candidatos con las mejores cualificaciones para una determinada plaza, de modo que beneficie a su empresa.

A manera general de los siguientes puntos, se describe el proceso de reclutamiento:

- Vacantes. Aquí, la primera opción es que los candidatos internos interesados, deban aplicar. Si luego de estudiar la requisición de empleado, observa que se necesita verdaderamente contratar a un nuevo colaborador, entonces debe buscar el candidato de forma interna. Y ¿cómo hará esto? Mediante el reclutamiento interno. En caso de no surgir candidatos internos se procede a expandir la búsqueda externamente.

- Reclutamiento externo a través de un *headhunter*. Esto lo puede realizar mediante los pasos a continuación:
    1. Se hace una búsqueda exhaustiva del candidato.
    2. Se evalúa el "resume" o currículum del candidato.
    3. Se entrevista al candidato. En este paso, se evalúa si el candidato tiene la experiencia o potencial para cumplir con las expectativas del puesto. Aquí se evalúa su proyección, comunicación, manejo de situaciones, su personalidad, entre otros.

- Ejecución en una entrevista. Para ello es importante que tome en cuenta las siguientes consideraciones:
  - Preparación. Conocer la empresa para la cual se está entrevistando. Estudiar el resume/currículum.
  - Puntualidad.
  - Tipo de lenguaje.
  - Respeto a los tiempos.
  - Planificación.
  - Dejar que el entrevistador guíe la entrevista.
  - Responsabilidad del candidato a hacer las preguntas necesarias para asegurarse que entiende las responsabilidades y las expectativas.
  - Realizar preguntas de investigación.
  - Realizar pruebas de conocimiento.
  - Cierre de la entrevista.

Después de haber identificado al candidato, se le extiende una oferta. Es por eso que existe el proceso de inducción de personal el cual es el de incorporación de un nuevo empleado a su puesto de trabajo. Después de todo el proceso de selección para un puesto llega el momento en el que el trabajador se incorpora al lugar de trabajo. Es aquí donde comienza el proceso de inducción mencionado.

Proceso de inducción

Un proceso correcto de inducción debe estar formado por cuatro etapas: la bienvenida, la introducción a la empresa, el proceso de formación y la evaluación y seguimiento. A continuación se presentan las 4 etapas:

- Bienvenida e información general de la empresa. En esta primera etapa se acoge al nuevo trabajador en la empresa. En esta existen varias acciones que puede tomar:
  - Bienvenida: donde se recibe al nuevo trabajador, ofreciéndole el apoyo que necesite y dándole un trato cordial con el fin de que se sienta como en casa, con confianza y se integre cómodamente.

- Firma del contrato: aquí se realiza el acuerdo formal con el empleado. Es muy importante leerlo bien con él y asegurarse de que todo quede claro.
- Información sobre la cultura de la organización: sea del tamaño que sea la empresa, debe informarse al empleado cuál es su historia, qué equipo la integra y cuál es su misión, visión y objetivos generales.
- Información sobre las políticas generales: hay que informarle sobre la hora, el día y los momentos en los que se hace el pago del sueldo, sobre las políticas de absentismo, las políticas sobre vacaciones y festividades, las reglas generales de seguridad laboral, el reglamento interno y las actividades recreativas que se realizan.
- Introducción del espacio de trabajo. Aquí es donde se le presenta la empresa al trabajador, se le enseña su lugar de trabajo

y se le introduce a sus compañeros, entre otras acciones como:
- Introducción de la empresa
- Presentación del espacio completo de la empresa, los distintos departamentos y sus integrantes.
- Presentación del equipo.
- Presentar el trabajador a sus compañeros de departamento, supervisores y/o subordinados, con el fin de facilitar el primer contacto y una plena adaptación.
- Presentación del lugar de trabajo
- Introducción al que será su lugar normal de trabajo.

- Proceso de formación: Esta tercera etapa es imprescindible para lograr una plena y eficiente adaptación del trabajador. Para ello se le deben mostrar los objetivos de su puesto, sus tareas, qué espera la organización de su trabajo y con qué departamentos tendrá más relación. En

esta etapa se toma en consideración lo siguiente:
- Se informa sobre las finalidades del puesto.
- Se indican las actividades a llevar a cabo.
- Se lleva a cabo un seguimiento de sus primeras acciones, y se corrige si es necesario.
- Se fomenta su participación con el fin de aumentar su confianza y lograr que se involucre plenamente en el proceso.
- Control, evaluación y seguimiento. El fin de esta etapa es llevar una monitorización de la actividad del empleado, con la finalidad de comprobar de qué forma se va adaptando al puesto, y corregirle y aclararle dudas que pueda ir teniendo. En esta fase se evalúan los resultados obtenidos, con la aplicación de la evaluación de formaciones y seguimiento a

la inducción y entrenamiento, a fin de aplicar los correctivos correspondientes.

Objetivos

Ahora, los objetivos que una inducción adecuada tiene que cumplir, son los siguientes:

- Mejorar el rendimiento y la productividad de la empresa, y una reducción de las pérdidas.
- Servir de ayuda al nuevo empleado para que se ubique y sea capaz de actuar por sí mismo y trabajar en su entorno de trabajo de la mejor forma posible.
- Disminuir el tiempo de adaptación del nuevo empleado, con el consiguiente incremento de la productividad.
- Aumentar la motivación del nuevo empleado en una situación sensible, como es la entrada a un nuevo entorno de trabajo.
- Generarle una imagen positiva de la organización, ayudando a que se adapte

de forma más cómoda y que esté a gusto, y que también se integre e identifique con la cultura empresarial.

- Facilitar la integración del trabajador con sus nuevos compañeros de trabajo.
- Dejar claro desde un comienzo los horarios, políticas, pautas y otros temas importantes en el lugar de trabajo
- Evitar posibles errores que pueden ocurrir, a causa de una inadecuada inducción.

Como vemos, la inducción para los nuevos trabajadores es un tema muy importante en una organización. Gracias a esta logramos mejorar la experiencia de la parte más importante de una organización: sus empleados.

Autoras:

Alina González
http://www.irexpr.com

Deiza Arribas
https://www.ideazpr.com/

María Caraballo
http://careerbrandinginc.com/

Recursos

Manejo de Proyectos/Clientes
https://www.honeybook.com

Desarrollo de Artes Gráficos
https://www.canva.com
https://www.postermywall.com

Contratar Servicios "Freelance" (artes gráficos, SEO, trabajo secretarial, etc.)
https://www.fiverr.com

Imprenta
https://www.vistaprint.com
https://www.123print.com

Fotos

https://www.istockphoto.com

https://www.shutterstock.com

https://stocksnap.io

Adiestramientos / Desarrollo Profesional

https://www.mindtools.com

https://alison.com

Manejo de Redes Sociales

https://hootsuite.com

Creación de Blogs

https://wordpress.com

https://www.blogger.com

Publicación de Libros

https://kdp.amazon.com

https://www.lulu.com

Oratoria y Liderazgo

https://www.toastmasters.org/

Busque un club cerca de usted.

Referencias

¿Qué es el modelo "lean" o de producción ajustada? (2015). En PrevenBlog. Recuperado: 13 de octubre de 2018. En PrevenBlog de prevenblog.com.

10 estrategias para aumentar las ventas de mi negocio. (2017). En Instituto de Negocios. Recuperado: 11 de octubre de 2018. En Instituto de Negocios de institutodenegocios.com.

10 tips para administrar tu tiempo. (2017). En Entrepreneur. Recuperado: 13 de octubre de 2018. En Entrepreneur de entrepreneur.com.

10 útiles consejos para combatir la procrastinación. (2015). En Hipertextual. Recuperado: 13 de octubre de 2018. En Hipertextual de hipertextual.com.

13 Técnicas de Cierre de Ventas. (s.f.). En Pymerang. Recuperado: 11 de octubre de 2018. En Pymerang de pymerang.com.

5 técnicas de gestión del tiempo que debes probar para mejorar tu productividad. (2016). En Shopify. Recuperado: 13 de octubre de 2018. En Shopify de es.shopify.com.

5 Tips de Marketing para pequeños Negocios. (2012). En Negocios y Emprendimiento. Recuperado: 11 de octubre de 2018. En Negocios y Emprendimiento de negociosyemprendimiento.org.

Cómo Evitar la Procrastinación. (s.f.). En Más y Mejor. Recuperado: 13 de octubre de 2018. En Más y Mejor de masymejor.com.

Cómo manejar las objeciones de tus clientes. (s.f.). En Alto Nivel. Recuperado: 11 de octubre de 2018. En Alto Nivel de altonivel.com.mx.

Consejos y estrategias para la gestión del tiempo. Universidad Internacional de Valencia. Recuperado: 13 de octubre de 2018. En Universidad Internacional de Valencia de universidadviu.com.

Contacto inicial efectivo en cinco pasos. (2016). En NeuroSales. Recuperado: 11 de octubre de 2018. En NeuroSales de neurosales.com.

El manejo de objeciones. (2011). En Crece Negocios. Recuperado: 11 de octubre de 2018. En Crece Negocios de crecenegocios.com.

El Primer contacto con el cliente. (2016). En FMK. Recuperado: 11 de octubre de 2018. En FMK de foromarketing.com.

El seguimiento postventa. (s.f.). En Editor Consunting. Recuperado: 11 de octubre de 2018. En Editor Consulting de venmas.com.

Estrategias para el pequeño comercio. (2018). En Infoautónomos. Recuperado: 11 de octubre de 2018. En Infoautónomos de infoautonomos.eleconomista.es.

Gestión del tiempo en el trabajo: cómo organizarse mejor + 5 dinámicas. (2017). En Blog de Ignacio Martínez. Recuperado: 13 de octubre de 2018. En Blog de Ignacio Martínez de ignaciomartinez.com.

Gestión del tiempo. (2017). En Infoautónomos. Recuperado: 13 de octubre de 2018. En

Infoautónomos de infoautonomos.eleconomista.es.

La importancia de las ventas en las empresas. (s.f.). En Gestiopolis. Recuperado: 11 de octubre de 2018. En Gestiopolis de gestiopolis.com.

La mejor manera de vender mi pequeño negocio. (s.f.). En La Voz. Recuperado: 11 de octubre de 2018. En La Voz de pyme.lavoztx.com.

Las 7 mejores técnicas de cierre de ventas. (s.f.). En Force Manager. Recuperado: 11 de octubre de 2018. En Force Manager de forcemanager.com.

Lean Management. (s.f.). En Wikipedia. Recuperado: 13 de octubre de 2018. En Wikipedia de es.wikipedia.org.

Lean management: definición y ventajas. (2016) En EAE. Recuperado: 13 de octubre de 2018. En EAE de retos-directivos.eae.es.

Lo que debes saber sobre el servicio post venta. (2015). En Shopify. Recuperado: 11 de octubre de 2018. En Shopify de es.shopify.com.

Manejo eficaz del tiempo, cinco áreas a considerar. (2018). En El Nuevo Diario.

Recuperado: 13 de octubre de 2018. En El Nuevo Diario de elnuevodiario.com.ni.

Metodología Lean Manufacturing: Qué es y cómo implementarla en tu empresa. (s.f.). En Lean Manufacturing10. Recuperado: 14 de octubre de 2018. En Lean Manufacturing de leanmanufacturing10.com.

Objeciones de Ventas. (s.f.). En FMK. Recuperado: 11 de octubre de 2018. En FMK de foromarketing.com.

Técnicas de calidad en Lean Manufacturing. (2016). En Blog de la asignatura lean manufacturing del máster ingeniero industrial. Recuperado: 14 de octubre de 2018. En Blog de la asignatura lean manufacturing del máster ingeniero industrial de leanmii.blog.upv.es.

Tips de Marketing para Pequeños Negocios. (2010). En Smart Up. Recuperado: 11 de octubre de 2018. En Smart Up de smartupmarketing.com.

www.ingramcontent.com/pod-product-compliance
Lightning Source LLC
Chambersburg PA
CBHW051318220526
45468CB00004B/1403